PIAF

HAL•LEONARD®

Piano/Vocal/Guitar

Edith Piaf Song Collection

TABLE DES MATIÈRES

This publication is not for sale in
the EU and/or Australia
or New Zealand.

HAL•LEONARD®
CORPORATION

7777 W. BLUEMOUND RD. P.O. BOX 13819 MILWAUKEE, WI 53213

Visit Hal Leonard Online at www.halleonard.com

MILORD

Lyric by GEORGES MOUSTAKI
Music by MARGUERITE MONNOT

— 3 —

— 4 —

— 5 —

DE L'AUTRE CÔTÉ DE LA RUE

Words and Music by
MICHEL EMER

1. Des murs qui se lé- zar- dent, Un es- ca- lier é- troit,
2. Quand je sors de l'u- si- ne, Il pleut ou il fait froid,
3. J'le con- nais- sais a pei- ne, On s'é- tait vu trois fois

U- ne vieil- le man- sar- de Et me voi- là chez moi,
Mais je cour- be l'é- chi- ne Et je ren- tre chez moi,
Mais à la fin d'la s'mai- ne Il est ve- nu chez moi,

LA VIE EN ROSE

Original French Words by EDITH PIAF
English Words by MACK DAVID
Music by LOUIGUY

— 10 —

Il me l'a dit, l'a ju-ré pour la vi-e, Et dès que je l'a-per-

-çois A- lors je sens en moi Mon cœur qui bat. 2. Des nuits d'a-

bat.

JE SAIS COMMENT

Lyric by JULIEN BOUQUET
Music by JULIAN BOUQUET and ROBERT CHAUVIGNY

-ment —— Comment fair' tom- ber en pous-sièr' Ce mur é- norm' d'é- nor- mes pierr's Je sais com-
-ment —— Comment bri- ser de nos mains nues Tout's nos en- trav's sans ê- tre vus Je sais com-

-ment —— Com- ment sor- tir de ce ca- chot Fer- mé comm' ne l'est qu'un tom-beau Je sais com-
-ment —— Com-ment sor- tir de ce ca- chot Sans ris- que d'y lais- ser la peau Je sais com-

- ment Re- voir des fleurs sous un ciel bleu Je sais com- ment A- voir le cœur libr' et heu-
- ment Re- voir des fleurs sous un ciel bleu Je sais com- ment A- voir le cœur libr' et heu-

- reux.

-reux.

Dolce (Parlé) Dors

— 15 —

LES AMANTS

Lyric by EDITH PIAF
Music by CHARLES DUMONT

Quand les a- mants en- ten- dront cet- te chan- son

C'est sûr ma belle, c'est sûr qu'ils pleu- re-

Slow Rock (¹²/₈)

rire ——— Quand les a- mants en- ten- dront cet- te chan-

- son C'est sûr ma belle c'est sûr qu'ils pleu-re-

- ront Ils é- cout'- ront les mots d'a- mour que tu di-

- sais Ils en- ten- dront ta voix d'a- mour quand tu m'ai-

AU BAL DE LA CHANCE

Lyric by JACQUES LARUE
Music by NORBERT GLANZBERG

― 22 ―

PADAM...PADAM...

Words by HENRI CONTET
Music by NORBERT GLANZBERG
English lyric by MANN HOLINER and ALBERTA NICHOLS

MCA music publishing

Et je traîne a- près moi comm' un' drôle d'er- reur Cet
Et tout ça pour tom- ber juste au coin d'la rue Sur

air qui sait tout par cœur. Il
l'air qui m'a re- con- -nue

3ème REFRAIN

E- cou- tez le cha- hut qu'il me

fait, ———————— Comme si

JE N'EN CONNAIS PAS LA FIN

Lyric by RAYMOND ASSO
Music by MARGUERITE MONNOT

Valse

1. De- puis quel- que temps l'on fre- don- ten — ne, Dans mon quar-tier u- ne chan-
2. A- vec des mots na- ïfs et la vi — e, El- le ra- conte un grand a-
3. Ils s'ai- me- ront tou- te la vi — e, Pour bien s'ai- mer ce n'est pas

- son, ——— La mu-sique en est mo- no- to- ne Et les pa- ro- les
mour, ——— Mais il m'a bien sem- blé com- pren— dre Que la fem- me souf-
long, ——— Que cette his- toire est donc jo- li- e, Qu'elle est donc bel- le

ha !   ha !   ha !   A   toi   tou - jours

Ha !   ha !   ha !   ha !   Dans   tes   grands yeux

Ha !   ha !   ha !   ha !   Rien   que   nous

deux.   deux .

LES FLONFLONS DU BAL

Lyric by MICHAEL VAUCAIRE
Music by CHARLES DUMONT

bal, ——————— Le long des murs sal's —————— Mon— tent

par bouf- fées —————— Jus- qu'à mon gre- nier !

Les flon- flons du bal ——————— A grands coups d'cym—

—bale ——————— Et d'ac- cor- dé- on ————

Se-couent ma mai- son ! Qu'on ait du cha-

grin C'est le mêm' re- frain

Qu'on soit pres- que mort Ils jouent aus- si

fort ! Et quand tu es par- ti (e) Sans

LES AMANTS D'UN JOUR

Lyric by CLAUDE DELECLUSE and MICHELLE SENLIS
Music by MARGUERITE MONNOT

IMPRIMERIE LOUIS-JEAN – 05002 GAP